DESHUMANIZAÇÃO NO PARTO

ENTENDIMENTO DAS MULHERES ACERCA DA ASSISTENCIA RECEBIDA NO PROCESSO DE PARTURIÇÃO

DANIELLE GUEDES SOUZA

SANY CRISTINE DA SILVA COSTA

DESHUMANIZAÇÃO NO PARTO

ISBN: 9798647694393
Selo editorial: Independently published

DEDICATÓRIA

À minha mãe, meu esposo e meu filho pelo incentivo, paciência e apoio, durante a trajetória de realização deste projeto.
(Danielle Guedes Souza)

Aos meus pais, pelo carinho e exemplo de força e vontade, aos meus irmãos, por acreditarem em meu sucesso, e pela compreensão nos momentos de afastamento.
(Sany Cristine)

À nossa orientadora Profª Rosimar (in memoriam), exemplo de dedicação na difusão da humanização na assistência a mulher.
(as autoras)

CONTEÚDO

AGRADECIMENTOS

À nossa orientadora Profª Ms. Rosimar Camilo Valverde por seus
ensinamentos;
À Universidade Federal de Alagoas (UFAL);
Ao Hospital Universitário Profº Alberto Antunes;
Ao Departamento de Enfermagem da UFAL;
À Coordenação do Curso de Enfermagem da UFAL;
À Biblioteca Central da UFAL;
A todos aqueles que contribuíram direta ou indiretamente para a realização
desse estudo.

Nosso Muito Obrigada!
As autoras.

APRESENTAÇÃO

Este livro é o resgate de um estudo realizado no ano de 2002, apresentado como trabalho de conclusão de curso na graduação em Enfermagem pela Universidade Federal de Alagoas (UFAL) pelas autoras. A temática da humanização do parto e nascimento, nas últimas décadas, tem ocupado espaços sociais e políticos em fóruns científicos de discussão, a partir, principalmente, da mobilização social provocada pelo movimento feminista em prol dos direitos sexuais e reprodutivos das mulheres, o que tem corroborado, desde meados dos anos 2000, para o surgimento de políticas e programas voltados para humanização do parto e do nascimento (PEREIRA et al., 2007). Dezessete anos após a realização deste estudo o tema ainda é instigante e apresenta escassez de publicações sob a ótica da parturiente.

Naquela realidade do estudo, a situação política e econômica do país era diferente da atualidade, o que faz necessário que o leitor se atenha ao fato de ser uma narrativa no passado, para melhor apreciação do livro.

Àquela época buscou-se então analisar o entendimento das mulheres acerca da assistência prestada pelos profissionais de saúde no processo de parturição, sendo o interesse originado a partir do contato com mulheres em fase de puerpério imediato, durante as aulas práticas supervisionadas da disciplina de Método de Intervenção de Enfermagem II do Curso de Graduação em Enfermagem da Universidade Federal de Alagoas (UFAL).

Durante o desenvolvimento das aulas práticas supervisionadas nos foi possível, em vários momentos, identificar que a assistência prestada a essas mulheres nas maternidades, não contemplava um cuidado personalizado capaz de valorizar os sentimentos por elas referidos e demonstrados durante o processo de parturição.

Neste contexto, como Burroughs (1995, p.154), entendíamos o momento parturição como um período que "apesar de curto se comparando com a gestação, é, talvez, o mais dramático e significativo para a futura mãe, a criança e a família".

A esse respeito, Maldonado et al (1982, p.36) referem que este "é um período de transição da espera de um filho à realidade de tê-lo. É uma situação que terá de ser enfrentada de qualquer forma, pois o concepto terá que nascer. É um momento decisivo para a mãe".

Dessa forma, era, e é imprescindível que este processo fosse, e seja cuidado de modo individual e que as mulheres sejam valoradas a partir das referências dos seus contextos.

Assim, sendo este um momento natural, não compreendíamos a forma como a maior parte das mulheres era cuidada, onde após exame clinico geral, estabelecia-se o diagnóstico de trabalho de parto, devendo a partir de aí a parturiente receber alguns cuidados normatizados como: remoção de todos os trajes que utilizava antes de sua admissão, enteróclise, tricotomia e até a determinação de posição a ser adotada pela paciente. Aspectos estes, que muitas vezes, não condiziam com as suas necessidades singulares, nem com a melhor evolução fisiológica do parir.

Neste ambiente, à mulher era negada a autonomia e a possibilidade de ser o sujeito de sua ação, e o limite das relações interpessoais imprimia, apenas, a obediência traçada nos padrões institucionais, subjugando-as à violência que se apresenta como "a ação que trata um ser humano não como sujeito, mas como coisa" (CHAUÍ, 1995).

Para Valverde e Paiva (2002), esta não é uma situação exclusiva do Sistema de Saúde brasileiro e, por isso, a própria OMS (Organização Mundial de Saúde) vem se preocupando em corrigir esses desvios com o objetivo de melhoria de qualidade da assistência.

Para tanto, a humanização da assistência ao processo de parturição vem sendo cada vez mais discutida nos âmbitos internacional e nacional, no sentido de reversão desta situação.

Ainda para as autoras acima citadas, o Brasil, mesmo sendo "signatário dos documentos que o comprometia com a melhoria da assistência nas Conferências Internacionais, pouco efetivou até o momento atual, visto que ainda temos uma assistência precária com elevadas taxas de parto cirúrgico e morbimortalidade materna".

No atual cenário do parto, o atendimento tem colocado em supremacia os aspectos objetivos, em detrimento das necessidades subjetivas.

Não negamos com isso a importância dos avanços técnicos-científicos até por corroborar com Valverde e Paiva (2002, p.80) quando referem que a humanização é:

> *A utilização de técnicas e tecnologia sem desvinculá-*
> *la do ser humano que é cuidado, mas ao contrário,*
> *ter a certeza de que elas estão sendo usadas em prol*

> *do benefício das parturientes e não da conveniência profissional.*

Entretanto, o seu uso indevido vem remetendo a preocupação dos profissionais aos processos experimentados pelas pessoas em substituição a elas.

Assim, a ênfase maior está na doença, nas técnicas assépticas, nas normas e rotinas, determinando um cuidado em que as mulheres no processo de parturição são exclusas e suas falas não traduzem, muitas vezes, qualquer importância na elaboração do planejamento de sua assistência. (COLLIERE, 1999, p.32).

Nesse sentido a humanização no processo de parturição necessita ser pensada para que dessa forma, possamos resignificar o cuidado prestado a essas mulheres.

Para tanto, objetivamos nesse trabalho, analisar a partir da fala das mulheres que se encontram em puerpério imediato, qual o seu entendimento sobre a assistência recebida no processo de parturição, através do questionamento de como elas foram atendidas e como elas gostariam de terem sido atendidas. E, desse modo, aproximar as nossas ações com as perspectivas dessas mulheres. Possibilitando-nos assim, a prestar uma assistência humanizada, que articule os aspectos subjetivos e objetivos, e que respeite a integralidade do ser em substituição às generalizações.

Além do mais, foi possível identificar na literatura consultada, uma lacuna teórica acerca de trabalhos que tratem da forma como as parturientes entendem a assistência recebida durante o trabalho de parto e parto. Nesta busca de referencial, identificamos, apenas, de modo verbal através da orientadora da presente pesquisa, que no ano de 2002 um estudo similar aconteceu com a turma de especialização em enfermagem obstétrica da UFBA (Universidade Federal da Bahia).

METODOLOGIA

Tipo de Estudo

Trata-se de um estudo descritivo com abordagem qualitativa, que segundo Minayo (1998, p.134)

> *É aquele que permite entender a natureza do fenômeno social, possibilitando contemplá-lo além da sua região concreta. Através deste tipo de pesquisa é possível "captar o universo de significados [. . .] e atitudes, o que corresponde a um espaço mais profundo das relações, dos processos, e dos fenômenos que não podem ser reduzidos à operacionalização de variáveis.*

Além de que, é a partir da pesquisa qualitativa que compreendemos "os valores de determinado grupo sobre temas", utilizando a interação com os sujeitos que descreveram suas experiências com sua própria linguagem (MINAY0,1998, p.134).

Cenário

O estudo foi desenvolvido na Maternidade Mariano Teixeira do Hospital Universitário Prof° Alberto Antunes da Universidade Federal de Alagoas (UFAL), localizado no bairro do Tabuleiro dos Martins, Maceió-AL, que ocupa dois andares desta instituição (2° e 6° andar), sendo o 6° andar, destinado ao atendimento de puérperas e gestantes em trabalho de parto, de risco e/ou que necessitem de tratamento clínico. Este setor é considerado de urgência, sendo também de grande rotatividade.

A clínica do 6° andar, dispunha de quarenta e oito leitos para alojamento conjunto, onde se observava vinte e quatro enfermarias com dois leitos e um banheiro em cada enfermaria. Sendo uma dessas à época do estudo, destinada a funcionários e/ou seus familiares, e outra que era direcionada a clientes portadoras de DHEG (Doença Hipertensiva Específica da Gravidez). Porem atualmente não existe mais essa divisão. Além das enfermarias, observamos a existência de: sala de estoque, sala para repouso dos auxiliares de enfermagem, sala de higienização dos recém-nascidos, sala da psicologia, sala do Serviço Social, copa, refeitório, expurgo, e dois postos de enfermagem, estando um deles desativado no momento da pesquisa.

Em toda a clínica obstétrica existiam cinco enfermeiras, sendo quatro assistenciais e uma na chefia do setor. O número de funcionários, entre auxiliares e técnicos de enfermagem, era de 53, com 32 horas semanais, três burocratas, três residentes e geralmente três obstetras por turno.

Normalmente, o número de técnicos por turno não era fixo, ficava oscilando entre 04 e 06 funcionários no período matutino e vespertino, e 02 funcionários no período noturno. A distribuição dos mesmos no que diz respeito ao desenvolvimento das atividades de enfermagem no setor era feita diariamente, segundo a proporção do número de funcionários presentes pelo número de enfermarias. A quantidade de leitos destinados a cada funcionário sofria variações. Geralmente ficava em torno de 06 a 12 leitos/funcionário, no período diurno e chegando a 24 leitos/funcionários no período noturno.

Com isso, a qualidade da assistência de enfermagem ficava comprometida, visto que havia uma sobrecarga de trabalho, levando ao desenvolvimento das atividades de modo mecanicista. Esse modelo de assistência não considera as necessidades das pacientes e a humanização da assistência.

No setor existia em cada horário uma enfermeira na assistência, onde os planos de assistência de enfermagem eram elaborados e revisados diariamente, para tanto a(s) enfermeira(s) contavam com o apoio das enfermeirandas, divididas em número de 03 por horário e isso facilitava a partilha das atividades e consequentemente a aplicação contínua do método de assistência de enfermagem. Quando não havia enfermeirandas, as enfermeiras se distribuíam de modo que cada paciente tivesse um planejamento de assistência renovado a cada 24 horas, exceto nos finais de semana, quando havia apenas uma enfermeira responsável por todo o hospital. Existia também no setor um impresso no qual eram anotados todos os controles diários das pacientes e outro no qual eram feitas a evolução e o registro de enfermagem. Existia ainda, um mapa de distribuição de pacientes por enfermaria.

Reconhecemos que, apesar das dificuldades encontradas para se manter o planejamento da assistência de enfermagem, nenhum esforço é inútil quando a proposta principal é o desenvolvimento de uma enfermagem que assegure às pacientes um cuidado de enfermagem continuo.

Sujeitos de Estudo

Os sujeitos foram mulheres em fase de puerpério normal imediato, internas na maternidade acima citada no período de realização da pesquisa (outubro/novembro de 2002), e que se dispuseram a colaborar com o estudo, sendo a escolha desses sujeitos definida pelo momento experienciado, de modo recente, do trabalho de parto e parto, onde as emoções estão presentes à reflexão.

Produção da Informação

O Instrumento

O instrumento utilizado para produção de informações foi uma entrevista semiestruturada (Apêndice A), que de acordo com Trivifios (1987, p.147) é aquela que *"ao mesmo tempo em que valoriza a presença do (a) investigador (a), oferece todas as perspectivas possíveis. Para que o (a) informante alcance a liberdade e a espontaneidade necessárias, enriquecendo a investigação"*. Reforçamos com MINAYO (1998), que para a mesma, esta é uma técnica que pode ser usada em pesquisas quantitativas e qualitativas, por possibilitar de apreensão do ponto de vista dos autores, orientando, facilitando, ampliando e aprofundando a comunicação.

O roteiro (Apêndice A) foi composto de duas partes: a primeira, contendo questões referentes à caracterização sócio demográfica dos sujeitos entrevistados, como: idade, grau de instrução e antecedentes obstétricos; e a segunda com as questões norteadoras do estudo, que foram:
- Como você foi assistida no processo de parturição?
- Como você gostaria de ter sido assistida no processo de parturição?

Foram realizadas quinze entrevistas, sendo três destas utilizadas como teste. Para armazenamento das informações foi utilizado um gravador de voz com fita cassete, com o objetivo de assegurar o mínimo de desvio das informações colhidas. Todas as quinze entrevistas foram realizadas nas enfermarias onde se encontravam as puérperas, por escolha das mesmas.

Aproximação com os Sujeitos

Primeiramente, foi realizada uma apresentação do presente estudo ao diretor do hospital, e naquela ocasião entregue uma cópia do projeto juntamente com uma Declaração de Ciência e Concordância da Instituição Envolvida, bem como, a Folha de Rosto para Pesquisa Envolvendo Seres Humanos que foi posteriormente encaminhada juntamente com o projeto à avaliação do Comitê de Ética em Pesquisa da UFAL. Após autorização do nosso acesso à instituição, procuramos a enfermeira do setor para realização do estudo.

A enfermeira do setor nos permitiu o acesso ao mapa do setor a fim de que pudéssemos fazer um levantamento das puérperas que se encaixavam no perfil da população a ser estudada.

Feita a escolha das prováveis participantes, nos dirigíamos às respectivas enfermarias, onde iniciamos o diálogo com a puérpera, nos apresentando, bem como o estudo a ser desenvolvido, explicando nosso objetivo e forma que o mesmo iria se desenvolver, concomitante com a sua participação no mesmo.

Deixando claro que ela não sofreria nenhum risco decorrente da pesquisa, não arcaria com nenhuma despesa, visto que sua participação era apenas responder ao nosso questionamento, e tão pouco iria ganhar nada com a participação nesse estudo. Ficando ainda explicitado que ela não era obrigada a participar e caso aceitasse, poderia desistir da participação no estudo a qualquer momento, sem que sofresse qualquer discriminação e/ou constrangimento por essa decisão.

Também foi enfatizada a importância de sua participação, bem como lhe foi assegurado o anonimato através de atribuição de pseudônimos de forma a não ferir os princípios éticos constantes na resolução nº 196/96 do Conselho nacional de Saúde (BRASIL, 1996). Sendo em seguida questionado seu interesse em participar do estudo.

Vale ressaltar que nós, as pesquisadoras, nos dispusemos a esclarecer qualquer dúvida, sobre o estudo, que a mulher apresentasse durante a entrevista, e/ou após a mesma. Podendo a entrevistada entrar em contato conosco através dos meios expostos no rodapé do termo de consentimento, porém até o momento nenhum contato posterior se fez necessário.

Diante da aceitação verbal em participar da pesquisa a cliente recebia também um termo de consentimento livre e esclarecido, para sua autorização legal. E no caso de ser menor de idade, seu representante legal que deveria concordar e assinar o termo, porém esse último caso não se aplicou em nosso estudo devido à dificuldade encontrada pela não permanência de acompanhantes na maternidade, até mesmo para menores de idade.

Declaramos, que a realização desse estudo não acarretou ônus financeiro para a maternidade. Ficando claro que as despesas decorrentes do mesmo, foram de responsabilidade das autoras.

Descrição Sócio-Demográfica dos Sujeitos Participantes da Pesquisa

Foram entrevistadas quinze mulheres na faixa etária compreendida entre 18 e 35 anos, sendo na sua maioria multíparas. Quanto ao grau de instrução, uma era analfabeta, uma sabia escrever o nome (analfabeta funcional), quatro possuíam ensino fundamental incompleto, duas possuíam ensino fundamental completo, uma possuía ensino médio incompleto, seis com ensino médio completo (Quadro 1).

Quadro 1 – Descrição Sócio-Demográfica dos Sujeitos Participantes da Pesquisa

Pseudônimo	Idade	Grau de Instrução	Antecedentes Obstétricos
Angélica	22ª	Ensino fundamental incompleto	G-4; P-4; A-O
Helena	25a	Ensino médio completo	G-1; P-1; A-O
Hellen	27 a	Ensino médio completo	G-1; P-1; A-O
Ivanise	27a	Ensino médio completo	G-3; P-2; A-1
Lidiane	18 a	Ensino fundamental completo	G-1; P-1; A-0
Luannah	35 a	Ensino médio completo	G-4; P-2; A-2
Luiza	20a	Ensino médio Incompleto	G-1; P-1; A-0
Marília	25 a	Ensino fundamental incompleto	G-2; P-2; A-O
Monaliza	23 a	Ensino fundamental incompleto	G-3; P-3; A-0
Priscilla	25 a	Ensino fundamental completo	G-2; P-2; A-O
Regina	28 a	Ensino médio completo	G-1; P-1; A-0
Roberta	21 a	Ensino fundamental incompleto	G-2; P-2; A-O
Rosana	28a	Ensino fundamental incompleto	G-5; P-5; A-O
Suelly	30a	Analfabeta	G-4; P-4; A-0
Vanessa	25 a	Analfabeta funcional (assina o nome)	G-4; P-4; A-0

* G = Nº de Gestações; P = Nº de Partos; A = Nº de Abortos

Tratamento dos Dados

Os dados foram analisados no decorrer da pesquisa, respaldado na interpretação de LÚDKE e ANDRÉ (1986, p.45), que ressaltam que na metodologia qualitativa, a análise dos depoimentos está presente em todo o período da investigação. Entretanto, de modo sistematizado os mesmos foram tratados através da análise temática por ser aquela que permite que sejam estabelecidas as relações compostas em unidade de significação ou afirmação, utilizando para isso o "Corpus das entrevistas". (VALVERDE, 2002).

Para esse tipo de análise MINAYO (1998) afirma que as unidades podem ser uma frase, palavra ou mesmo resumo que definam os sentidos que comportam o tema delimitado, de forma a classifica-lo em categorias. Nesse estudo o tema foi o atendimento recebido no processo de parturição.

Assim, a partir deste material, seguindo o caminho metodológico conforme descrito em Valverde (2002) as informações foram lidas e relidas exaustivamente com o objetivo de permitir uma pré-análise e exploração dos mesmos que, posteriormente, eram organizados em categorias. Considerando para tanto as similaridades e diferenciações entre elas como forma de estabelecimento dessas categorias.

A análise aconteceu seguindo, sistematicamente, todas as etapas referidas na metodologia desse estudo, permitindo que fossem realizadas as classificações dos dados em um tema composto por quatro categorias, que foram: A Peregrinação; a violência; a solidão; e o relacionamento interpessoal. Sendo, então, possível apreender os elementos formadores do entendimento das mulheres acerca da assistência recebida no processo de parturição.

Quadro 02 – Organização do Tema e Categorias

Tema	Categorias
• Atendimento recebido no processo de parturição	• Peregrinação • Violência • Solidão • Relacionamento interpessoal

13

ANÁLISE E DISCUSSÃO DOS DADOS

Atendimento Recebido no Processo de Parturição

A partir da análise das entrevistas emergiram categorias que retratam o entendimento das mulheres sobre a assistência recebida no processo de parturição, que foram: A peregrinação pela qual estas mulheres passam; a violência sofrida no processo; a solidão, maior queixa como desencadeadora de medo, ansiedade e insegurança; e o relacionamento interpessoal.

Peregrinação

Há algum tempo, as mulheres em sua maioria recebiam cuidados de parteiras e de alguma outra mulher disposta a ajudar, em seu domicílio, contando ainda com o apoio e participação efetiva da família nesse evento tão singular que é o seu parto (CORDON & MERIGHI, 1995).

Porém, ainda coadunando com as autoras acima citadas, com o advento dos avanços tecnológicos, o parto passou a ser um evento de atendimento hospitalar, sendo utilizada técnicas mais aperfeiçoadas para garantir a assistência, com a intenção de reduzir a morbimortalidade materna e perinatal, contribuindo assim para uma maior procura pela assistência hospitalar.

Em contrapartida a essas mudanças, as mulheres quando abordadas sobre a assistência recebida durante O processo de parturição, referem que um fato marcante na assistência é justamente a falta de assistência a qual muitas delas estão sujeitas. Exemplificada por elas a começar pela peregrinação a que são submetidas, contribuindo assim para a despersonalização do atendimento a ponto de interferir negativamente, na boa condução do trabalho de parto e parto, bem como a falta de recursos para a manutenção adequada dessas instituições, sendo este um quadro típico da realidade brasileira.

Assim, muitas vezes a parturiente peregrina em busca de vaga de uma instituição a outra, sendo recusada e, portanto, passando a sofrer cada vez mais, conforme descrito nas seguintes falas:

> *... ficar voltando pra casa, indo e voltando, já andei*
> *em vários hospitais, só faziam o toque e me*
> *mandavam pra casa e eu sofrendo com meu filho na*
> *barriga, pensava até que ia morrer com ele lá.*
> *(Angélica)*

*... fui em três hospitais, mas me mandaram pra casa
[...] Aí, Já nas dores, fui na maternidade X, fui pra
maternidade Y, e de lá me mandaram pra cá.
(Luannah)*

*... porque você com aquela dor, sofrendo, aí chega,
não tem vaga, continua com a dor, sofrendo. Aí, vai
pra outro lugar, que também não atende e então a
pessoa pensa até que vai ter o menino ali no carro
mesmo. (Rosana)*

Nesse contexto vimos que a mulher em processo de parturição experiência fatos que não condizem com o tratamento e/ou apoio adequado para essa etapa tão significativa de sua vida. Reforçamos tal percepção com Largura (1999, p.42) que diz que "a cadeia de violência se inicia quando ela em trabalho de parto é recusada de um hospital após o outro ".

Evidenciada nos serviços de saúde, a peregrinação é expressa como uma forma de violência, já que esta não está associada apenas com o relacionamento interpessoal dos profissionais, ela também é expressa numa situação em que a parturiente não encontra vaga em determinada instituição, perambulando a procura de um hospital que possa lhe atender, e muitas vezes, ela é admitida quase que "por favor" e não por um direito absoluto de assistência. Sem considerar que em alguns casos, faltam-lhe medicamentos, leitos, entre outras ações. De acordo com Tanaka (1995, p.37) a falta de leitos "leva a peregrinação para a morte", onde 55,1% das mortes maternas em seu estudo foram ocasionadas por conta da peregrinação.

O Ministério da Saúde através da portaria nº 569, de 1º de junho de 2000 (Brasil, 2000) considera direito inalienável de cidadania o acesso da mulher ao atendimento digno e de qualidade no decorrer da gestação, parto, puerpério e período neonatal, além de assegurado o acesso à maternidade em que será atendida no momento do parto, tendo sua garantia.

Porém, a realidade brasileira da época, não muito diferente da atual, não condizia com o que se é preconizado pelo Ministério da Saúde, tendo insuficiência no número de leitos nas maternidades e hospitais do SUS ou credenciados a ele, as mulheres eram submetidas a procurar vagas em diferentes locais e, muitas vezes a dar à luz nos corredores de espera sem a adequada assistência, o que prejudica o desenvolvimento do parto, aumentando o número de intervenções, que em situações normais seriam desnecessárias.

A Violência

A violência está associada à forma como a sociedade se organiza, distribui os seus bens e serviços e constrói seus valores e normas, tem raízes profundas nas estruturas culturais, sociais, econômicas e políticas. É representada pelas ações de indivíduos ou grupos e causa danos físicos, emocionais, morais e espirituais a outros (BRASIL, 2001).

Desse modo, Minayo (1994) classifica a violência nas seguintes formas:
- Violência estrutural, como sendo a que facilita o desencadeamento da violência comportamental (Psicológica), aplicando-se tanto às estruturas organizadas e institucionalizadas da família, como aos sistemas econômicos, culturais (inclusa aqui as relações de gêneros) e políticos que conduzem à opressão de grupos, classes, nações e indivíduos;
- Violência da Resistência constituída pelas diferentes formas de resposta dos grupos, classe, nações e indivíduos oprimidos à violência estrutural;
- Violência da Delinquência, expressa nas ações que estão fora da lei socialmente reconhecida.

De acordo com Grossi (1996) dentre os grupos acometidos pela violência, a mulher encontra-se mais susceptível que outros sujeitos, sendo, ainda, esta prática a menos reconhecida no âmbito dos direitos humanos no mundo. Ainda para a autora acima citada, a violência pode ser invisível e disseminada nas relações sociais, contribuindo com os problemas que afetam a qualidade de vida do ser humano, e em especial da mulher tomando-a mais vulnerável a determinadas doenças.

Em geral, as mulheres que sofrem violência estão submersas num sistema de relações desiguais determinadas por mitos e preconceitos que, segundo Saffioti (1987, p.67) "podem atingir classes dominantes e subalternas, nos contingentes populacionais brancos e não-brancos [...] onde a sujeição feminina é mais profunda que a masculina".

Nos últimos 50 anos, o mundo passou por grandes mudanças nos hábitos e costumes; porém, apesar do aumento da participação feminina na vida política, cultural e econômica, as mulheres ainda são discriminadas pelo simples fato de serem mulheres, sendo este um fato que contribui diretamente na saúde das mulheres (BRASIL, 2001).

Neste contexto, os ambientes das salas de pré-parto e parto, reproduzem as relações de poder, onde a violência afeta as mulheres de forma desvelada e velada Segundo Largura (1998, p.41) essa violência que explode da sociedade para dentro da sala de parto se manifesta não só por atos de agressão física, ela tem seu início em palavras e frases, como por exemplo, quando a mulher queixa-se de dores no momento do parto e inúmeras vezes escuta frases do tipo: "Na hora de fazer estava bom, agora você reclama".

Constituída assim, a violência psicológica, que é toda ação ou omissão que causa ou visa causar dano à auto-estima, à identidade ou ao desenvolvimento da pessoa, e é a mais difícil de ser identificada, apesar de ocorrer com bastante frequência, podendo levar a pessoa a sentir-se desvalorizada, sofrer de ansiedade e adoecer com facilidade. Situações estas, que quando arrastam por muito tempo e se agravam, podem provocar o suicídio (BRASIL, 2001).

Nesse contexto, O cenário do nosso estudo reflete, também, situações semelhantes as já referidas, onde pudemos identificar através da fala das entrevistadas algumas situações que condizem com esses termos. Possibilitando-nos a formação dessa categoria de análise, conforme explicitado abaixo.

> *Não foi muito bom, que eu não vou dizer que foi bom. Porque o médico era muito ignorante. [...] eu estava sentindo muita dor e ele até palavrão falou [...] eu achei ele com muita ignorância, por ser meu primeiro filho, eu não sabia que ia doer tanto. [...] ele chegou pra fazer o toque, que eu já estava com a bolsa rompida. Ele e mandou eu abrir, falando: "abra*

> *essa porra" com as minhas pernas. Quando foi
> depois, ele disse que se eu não parasse com a
> gritaria ele iria "arroiar" minha boca com arroz. Tudo
> isso ele fez, aí por isso achei muito ignorante. Ele
> ainda falava: "se você sabia que doía, porque foi
> engravidar?", só que eu não sabia, eu era mãe de
> primeiro filho. (Lidiane)*

> *... até agora só "não fui com a cara" de um doutor aí,
> [...] que foi fazer o parto de uma mulher e ele tapou
> a boca dela, e disse: não grite! [...] quando foi para
> você fazer, você não gritou e agora para ter você
> está gritando?! Não grite e abra essa porra que eu
> quero olhar se seu filho já vem nascendo. [...] Eu não
> gostei não, porque eu fiquei muito mais nervosa [...]
> eu estava o tempo todo pedindo a Deus que não me
> apertasse a dor de madrugada para ele não me
> pegar [...] ele foi muito bruto, porque a mulher
> quando dava um grito, ele pegou a roupa dela [...] e
> tapou a boca e entupiu o nariz dela [...] e eu não
> concordo com isso. (Vanessa)*

> *... foi ruim porque ele (o médico) ficou com raiva de
> mim, só gritando comigo. Não teve paciência e nem
> me entendeu [...] só não sei porque. (Rosana)*

A partir do momento em que limitamos alguém de exprimir suas emoções e sentimentos, já estamos praticando uma violência. A parturiente deve ter o direito garantido pela equipe de saúde de emitir sons, ou seja, falar ou gritar a depender das suas necessidades, perguntar o que estão fazendo com ela para saber a finalidade dos procedimentos realizados e saber sobre a evolução de seu trabalho de parto. Porém nem sempre, este é um aspecto considerado pelos profissionais que a atende, visto que muitas vezes a forma como as mulheres continuam recebendo atenção no parto configura uma afronta aos seus direitos, além de ser esta, uma questão não só de direitos, mas acima de tudo, uma questão de respeito ao outro na condição de ser humano.

Assim, a violência como um processo, é mascarada através de atitudes que vai desde a indiferença na forma de assistir a palavras que ferem a dignidade da mulher. Inúmeras mulheres sofrem discriminações quanto a forma de ser assistida pela equipe, chegando a ouvir frases que expressam a indiferença e falta de sensibilidade num momento de tantas transformações acontecem na sua vida. Fato que se expressa nas seguintes falas:

Quando a médica veio chegar, ela Já estava do lado
de fora e aí ela terminou [...] ela só chegou na hora
que eu estava para ter a menina e aí ela só fez tirar
[...] e mandou eu vir para o quarto e só. (Marília)

O médico que fez meu parto, ele foi meio ignorante.
Porque ele achou que era demais, eu já com cinco
filhos, aí ele falou: "cinco filhos é demais! [...] e eu
não gostei disso que ele falou. E também na hora do
parto, ele mandando eu prender bem alto. Eu já
estava na maca e ele dizia: "prenda, prenda!", e eu
já indo pra sala de parto e ele só mandava eu
prender, e depois na mesa de parto, eu já estava
com uma perna lá e outra cá, e eu fazendo força. E
ele só sabia mandar eu prender, e isso, eu não
prendia porque já estava sem aguentar. (Rosana)

... ontem mesmo, uma mulher queria tentar me
humilhar [...] E por causa que ela disse que a criança
estava chorando demais. Só que eu não tenho culpa
se a minha criança sente alguma coisa, alguma

cólica ou dor, e eu não vou tapar a boca dela jamais.
Nem ela, nem ninguém irá fazer com que eu faça
isso. E [...] preocupante, mas Deus toma
providências. (Regina)

Neste ambiente, a violência é desvelada na relação com os profissionais de saúde e evidenciada através dos xingamentos e do desprezo, onde não há consideração pelos sentimentos dessas mulheres. Desconsiderando a mulher como principal elemento da assistência, definindo dessa forma o cuidar baseado nas necessidades dos profissionais em detrimento, as prioridades das parturientes.

Assim, pelos dados expostos, verificamos que a violência, a negligência e os maus tratos na assistência ao parto são frequentes nos relatos das mulheres, fazendo com que elas se sintam injustiçadas, desrespeitadas, menosprezadas e solitárias neste momento tão sublime de suas vidas.

Solidão

Durante a realização do estudo foi possível evidenciar a solidão referida pelas mulheres como aspecto referindo no atendimento.

Segundo Valverde (2002, p.10):

... durante muitos séculos os cuidados voltados ao processo de parturição, eram de domínio feminino e desenvolvidos pelas parteiras, que por serem conhecedoras dos processos relacionados à gestação, parto e puerpério realizavam uma assistência caracteristicamente feminina baseada nas próprias experiências e no saber popular passados de mães para filhas.

Fato reforçado por Del Priori quando diz que "a dor e a angustia que envolviam a parturiente eram, sim, interpretadas por gestos e práticas de uma cultura feminina [...] através dessa cultura feminina sobre o parto, as mulheres resgatavam a sua individualidade e exercitavam suas alianças de gênero".

Desse modo, de acordo com Bessa & Ferreira (1999, p.33) a arte de partejar como uma "atividade que acompanha a história da própria humanidade e, particularmente, a história da mulher". Deve ser entendida como o período em que os cuidados às parturientes se dão de forma integral, levando-se em consideração suas crenças e cultura, de modo a respeitar a singularidade de cada mulher (VALVERDE, 2002).

Entretanto, é possível perceber que as mulheres vêm sofrendo de solidão no seu parto. Em um estudo realizado por Leão apud Basto (2001, p.93) "60 a 70% das mulheres não tiveram acompanhante durante o parto, apesar de maioria dos profissionais do hospital [...] sentirem necessidade de estarem ao lado das parturientes". Sendo esta ausência justificada pela escassez de recursos humanos e sobrecarga de trabalho a que a(o)s profissionais estão submetida(o)s.

Para Valverde (2002, p.60) até aquele momento essa era uma realidade que não foi modificada, visto que para alguns profissionais e instituições existem normas a serem cumpridas e, "em nome das rotinas mesmo o que já está previsto em lei é desrespeitado, pois em se tratando de adolescentes, não há permissão para que elas sejam acompanhadas por alguém de sua confiança, em detrimento ao Estatuto da Criança e do Adolescente (ECA) ".

Esse fato também dificultou um pouco nossa coleta, pois algumas das mulheres que se dispuseram a participar eram menores de idade. Mas como os princípios éticos constantes na resolução n° 196/96 do Conselho nacional de Saúde (BRASIL, 1996) só permite a pesquisa com menores de idade após autorização dos seus responsáveis, nos víamos impedidas de realizar as entrevistas com essa categoria em especial.

Reforçando a ideia de que a companhia de alguém de confiança é fundamental para a mulher nesse processo parturitivo, citamos Maldonado (1982, p.12) que ao se reportar a Caplan afirma que "é possível ajudar qualquer pessoa a superar uma crise satisfatoriamente, independente das características [...] a ajuda eficiente num período de crise consiste em encorajar (e não em suprimir) a livre expressão dos sentimentos".

Nesses momentos, as parturientes precisam de alguém que possa confortar seus medos, tensões e dores, aspectos que podem prejudicar a condução do parto fisiológico, visto que a Presença do medo determina O estímulo do sistema nervoso simpático levando à liberação de catecolaminas que podem provocar incoordenação uterina, alterando o trabalho de parto e o parto fisiológico (NEME, 2000).

Segundo Valverde (2002, p.59),

> *... é comum observar a redução da queixa dolorosa, provocada pelas contrações, após a chegada de alguma pessoa de confiança da parturiente, tendo em vista que as mulheres se sentem seguras na companhia de alguém e por saber que alterações fazem parte do processo natural de parturição. Esses aspectos, associados a outros recursos, podem determinar menor ansiedade e medo.*

A queixa das parturientes sobre a falta de companhia no processo de parturição, também é frequente nos relatos de Simões (1998) que ao pesquisar sobre a percepção das mulheres sobre a vivência do parto, referem-no como um momento angustiante e solitário e, percebem que os cuidados são prestados de forma impessoal. No presente estudo este é um fato identificado pelas mulheres ao se reportarem ao assunto da seguinte forma:

> *Gostaria que meu marido tivesse ficado pelo menos aqui comigo, porque eu fico tão desesperada quando não vejo alguém da minha família perto de mim".*
> *(Vanessa)*

> *... até acho que eles poderiam permitir que a gente ficasse com um acompanhante, porque só pode quem é de menor, e eu acho que a gente merece também, porque é uma maneira de termos uma atenção maior (Ivanise)*

> *Eu queria ter feito força pegando em alguém [...] de lado segurando minha mão e tudo [...] Não sei se são normas ou não, mas eu tinha que segurar na maca e tive que fazer força e, tava com medo [...] Para mim seria mais importante assim, o calor humano [...] gostaria muito que minha mãe tivesse ficado aqui*

[...] que alguém tivesse deixado eu pegar, tocar na mão, porque eu preciso sempre de alguém perto de mim, então queria que isso tivesse acontecido, que a enfermeira tivesse me dado a mão, literalmente a mão. (Helena)

[...] que alguém tivesse deixado eu pegar, tocar na mão, porque eu preciso sempre de alguém perto de mim, então queria que isso tivesse acontecido, que a enfermeira tivesse me dado a mão, literalmente a mão.

> *... Ninguém ficou comigo, [...] eu acho assim, são três*
> *que ficam na sala, aí elas não ficam assim [...] te*
> *dando uma força [...] dão as costas pra você. E assim*
> *você fica perguntando, porque você tem uma*
> *contração, ai tem um intervalozinho [...] nesse*
> *momento você pode respirar, pode descansar e falar*
> *alguma coisa. Então nesse momento que eu acho*
> *que deveria ter alguém ali pra dá força pra gente,*
> *pra gestante, e não tem ninguém. Elas saem na hora.*
> *(Luannah)*

Analisando esses depoimentos notamos que a presença de um membro da família e/ou pessoa de confiança durante o trabalho de parto e parto é muito reconfortante. Também e verificamos que algumas mulheres demonstram medo, ansiedade, insegurança e desespero, frente à solidão acometida pelo processo de institucionalização, outras mostraram resignação e conformismo com o fato, provavelmente devido às relações de poder e a cultura da rotinização dos serviços de atendimento à saúde, conforme as falas expressas abaixo:

> *... dizem que só é permitido ficar alguém, quando é*
> *daquele parto que é pago. (Luiza)*

> *O hospital não deixou que ninguém ficasse comigo,*
> *porque eu já sou de maior e não poderia ficar, só*
> *poderia ficar se fosse de menor. E eu achei normal,*
> *se fosse até 17 anos a minha mãe poderia ficar [...]*
> *eu queria que ela ficasse, mas como é uma norma do*
> *hospital. (Lidiane)*

Cabe, portanto, às instituições de saúde, possibilitar a presença de um acompanhante que confira à mulher suporte emocional durante o parto e puerpério, pois é uma estratégia disponível para gerar as mudanças desejadas e assistir com qualidade (GUALDA,1998).

Achamos importante salientar, conforme assevera Valverde (2002) que estar presente não pode ser confundido com estar ao lado, a presença ou estar junto ao outro é um processo que se estabelece a partir da interação, e não pela quantidade de vezes que alguém olha o outro, mas é construído à medida que se presta desde o mais simples cuidado até o mais complexo e, que nem sempre se caracteriza pela presença do profissional, podendo ser uma ação que envolve também a participação dos familiares, pois esse seria um fator de ajuda às mulheres, visto que segundo Simões (1998) "a mulher aponta para a necessidade de compartilhar sua vivência, como forma de ajuda e atenção".

Relacionamento Interpessoal

A relação, equipe de saúde/parturiente afeta a evolução do trabalho de parto e parto, pois se a parturiente recebe um atendimento caloroso, companheiro o resultado é positivo. Sendo assim, é importante promover uma assistência voltada para o relacionamento interpessoal positivo, e reconhecer que isto é um fator primordial para conforto e bem-estar, que estão associados à diminuição do sofrimento da parturiente (CARRARO, 2001).

As relações interpessoais desenvolvem-se em decorrência do processo de interação. Assim, conforme cita Moscovici (1997, p.33):

... um olhar, um sorriso, um gesto, uma postura corporal, um deslocamento físico de aproximação ou afastamento constituem formas não-verbais de interação entre pessoas. Mesmo quando alguém vira as costas ou fica em silêncio, isto também é interação - e tem um significado, pois comunica algo aos outros. O jato de "sentir" a presença dos outros já é interação.

Carraro & Radünz (1996, p.51 apud Carraro, 2001, p.150) reforçam essa ideia ao salientar que:

muitas vezes é disso que o ser humano precisa: sentir que estamos com ele, junto dele! E este "estar com" pode tomar diversas formas: o segurar suas mãos, o sorrir, o secar seu suor, um olhar... o ouvir, sim! Nem sempre precisamos falar! Muitas vezes é preciso ouvir e demonstrar: estou aqui!

Alguns depoimentos colhidos nesse estudo podem mostrar bem a relevância de tais atitudes para o ser humano e em especial, a parturiente:

> *... quando vinham aquelas contrações fortes, elas chegavam e faziam um carinho, conversavam sempre, faziam uma crítica construtiva [...] "você tem que se acalmar, porque vai ser melhor para você e para o seu bebê" [...] sempre davam uma palavra de ânimo para a gente. (Priscilla)*

> *... elas chegavam lá e perguntavam se estava tudo bem comigo, se eu estava sentindo dores mais fortes, me olhavam a pressão. [...] quando viesse aquela dor que dá vontade de fazer cocó, eu fizesse bastante força, que é pra neném descer mais rápido[...] essas coisas. (Marília)*

> *... me chamaram de mãe [...] eu gostei, acho que é uma forma de carinho. (Luiza)*

> *... o pessoal foi muito simpático [...] a questão de explicar as coisas, deixar você a vontade [...] na hora do parto a médica foi muito motivadora, me estimulou a ter mais ânimo para ter o bebê, foi até mais rápido, "Bora mãe! Você está conseguindo" (Ivanise)*

> *. . . tinha um acadêmico, é eu acho que ele era estudante, porque ele tava na hora e foi o único que me deu calma. Na hora ele dizia: "tenha calma, é só você fazer mais um pouquinho de força que a sua neném vai nascer, ela sai Já". Ele ainda segurou na minha mão e tudo, na hora que o médico gritava lá comigo. (Lidiane)*

Em outros depoimentos notadamente vemos que os profissionais estão ocupando-se mais com o parto em si, atendendo de maneira rápida a parturiente no momento da admissão com breves instruções, evidenciando a sensação de um atendimento não personalizado (MERIGHI, 1995).

Maldonado (1976) e Kitzinger (1987), também mostram preocupação com o momento da internação da parturiente em ambiente hospitalar, evidenciando que com o surgimento do atendimento hospitalar houve uma despersonificação da assistência dispensada a essas mulheres, gerando receios e inseguranças devido à separação do ambiente familiar e ida para um ambiente onde desconhece o profissional que irá atendê-la neste período, o que pode influenciar de modo negativo o processo de parturição, conforme citado anteriormente.

Nos trechos seguintes iremos perceber que nos serviços de saúde as experiências vivenciadas e relatadas pelas parturientes têm sido de relações desiguais, onde há poucos momentos de interação, sendo a falta de diálogo um dos maiores problemas nesse processo:

> *... quando você fica pedindo as coisas e a pessoa diz:*
> *vou já, e vai embora e não volta mais. (Angélica)*

> *...teve uma que quando eu ganhei o neném, falei*
> *assim para ela: Bom dia! De um sorriso, você dá*
> *sorriso, não é? Aí ela disse: "Vou dá sorriso, não! que*
> *eu tô terminando esse plantão agora, já vou pegar*
> *outro" . E a gente não tem nada a ver, não é?*
> *(Luannah)*

> *... ninguém merece o atendimento que ele me deu*
> *ontem, até porque ele é médico, não é? (Lidiane)*

> *... gostaria que tivesse sido com pessoas mais*
> *calorosas, mais humanas. Porque foi muito*
> *profissional. (Helena)*

> *... eu fui [...] atendida por uma doutora de cabelo*
> *"galego" mas [...] não disse o nome, só disse que era*
> *doutora e fez um teste pra lá e [...] que eu ia ficar*
> *internada para ter o neném. (Vanessa)*

O relacionamento interpessoal, entendido como o momento das relações entre os profissionais e a parturiente, tem sido um dos elementos transformadores do processo de cuidar, sendo vital para isso a comunicação entre eles. Entretanto, pudemos observar através dos depoimentos, que existia a falta de diálogo entre as partes envolvidas, que é um fato que caracteriza uma relação desigual de poder em que as parturientes se sentem desrespeitadas e sem atenção.

CONSIDERAÇÕES FINAIS

O presente estudo foi de grande valia para a nossa formação acadêmica, pois nos possibilitou observar durante o desenvolvimento do mesmo, que no âmbito da assistência existem várias facetas referentes ao cuidar da parturiente que diferem daquilo aprendido por nós durante os anos de formação acadêmica, pudemos dessa forma nos defrontar com situações antes não abordadas, ou não questionadas.

Tais questões nos levaram a identificar, sob a perspectiva da mulher, como ela estava sendo tratada e como ela gostaria de ter sido tratada, caminhando assim para o entendimento acerca da assistência recebida no processo de parturição.

Assim, a partir da análise dessa assistência, nos deparamos com categorias como: a peregrinação pela qual estas mulheres passam; a violência sofrida no processo parturitivo; a solidão, maior queixa como desencadeadora de medo, ansiedade e insegurança; e o relacionamento interpessoal caracterizado pela relação desigual de poder entre equipe de saúde e parturiente, sendo então possível alcançar o objetivo do nosso estudo que era o de analisar, a partir da fala das mulheres, o seu entendimento acerca da assistência recebida no processo de parturição.

Tais dados encaminharam ao reconhecimento das necessidades da mulher que passou pelo processo de parturição, possibilitando também, reconhecer o que para elas pode ser a humanização na assistência, visto que, a percepção das relações interpessoais que se estabelecem no processo de parturição, reparar a ansiedade, promover um ambiente tranquilo, seguro e harmônico, refletem o sentido da humanização no parto, que:

Segundo o Programa Nacional de Humanização da Assistência Hospitalar (PNHAN, 2001, p.52) se configura em "resgatar o respeito à vida humana, levando-se em conta as circunstâncias sociais, éticas, educacionais e psíquicas presentes em todo relacionamento humano.

Fato também referido por Zampieri (1997) quando afirma que humanizar pressupõe o desenvolvimento de algumas características essenciais ao ser humano, entre elas que se fazem urgentes e necessárias em todos os aspectos: a sensibilidade, o respeito e a solidariedade.

Assim, na perspectiva das parturientes, o que era para ser voltado a uma assistência humanizada, indica a fragmentação do ser humano em corpo, emoção e razão. Sendo a parturiente, inúmeras vezes, ao entrar em um hospital, submetida à rotinas que explicitam a falta de sensibilidade e respeito daqueles que estão prestando atendimento, pois ela fica impossibilitada de responder por ela mesma

Além disso, a parturiente era colocada em um ambiente totalmente desconhecido com pessoas estranhas ao seu convívio, encontrando uma assistência incapaz de considerar seus aspectos psicológicos e, neste cenário ela se deparava com um atendimento vinculado à execução dos cuidados, passando a ser tratada com impessoalidade, e com violência. Assim, o parto passa a ser visto como um evento rotinizado e não como um processo que precisa ser compartilhado pela mulher e seus familiares.

Pensamos que, ao conseguirmos efetivar um elo de relação com as mulheres em processo de parturição, estaremos desenvolvendo um cuidado digno, evidenciando à unicidade de cada pessoa, o comprometimento com o outro, estabelecendo uma posição em que a perspectiva humanística se opõe à perspectiva funcionalista. Visto que na visão humanística, a parturiente está em evidência, enquanto na visão funcionalista, a parturiente é vista como paciente, submissa, transformada em corpo físico (ZAGONE, 1997).

Também foi possível observar, que as mulheres traduzem suas queixas além das questões relacionadas aos processos fisiológicos por elas vivenciados, sendo fundamental serem respeitadas, informadas, não ficarem sozinhas, e terem assistência garantida.

Notamos através desse estudo que naquele ambiente existia grande necessidade de envolver-se com o outro, de lembrar que no momento do parto está ocorrendo uma separação de dois corpos que até então, viveram juntos, numa relação de íntimo contato. Havendo, dessa forma, a necessidade de compreensão e respeito com a parturiente, considerando que a pessoa é influenciada pela situação, e que a situação depende, também, das pessoas envolvidas.

Acreditamos que os anseios das mulheres só poderiam ser vislumbrados a partir de políticas de saúde adequadas às necessidades das mulheres e sendo as mesmas efetivadas e cobradas dos profissionais, associando-se a essa medida sugerimos um trabalho juntamente com os profissionais envolvidos, evitando assim a tão explicita fragmentação do ser.

Não esquecemos que a falta de condições, e valorização do trabalho, pode ser considerado fator agravante para desestimular os profissionais que cuidam dessas mulheres, então cabe aos responsáveis pelas instituições, buscar soluções que visem trabalhar a valorização dos seus funcionários, bem como disponibilizar recursos materiais necessários ao desenvolvimento do trabalho em saúde, consolidando assim, uma forma de assistência mais digna, não só para as mulheres no processo parturitivo, mas a todo ser humano que necessita de cuidados.

REFERÊNCIAS BIBLIOGRÁFICAS

BRASIL, Conselho Nacional de Saúde. Resolução. N° 196, de 10 de outubro de 1996. Dispõe sobre diretrizes e normas regulamentadoras de pesquisas envolvendo seres humanos. Brasília, 1996.

BRASIL, Ministério da Saúde. Secretaria de Assistência à Saúde. Programa Nacional de Humanização e Assistência Hospitalar. Brasília: Ministério da Saúde, 2001.

BRASIL, Ministério da Saúde. Secretaria de Políticas de Saúde. Direitos Humanos e violência intra-familiar. Brasília: Ministério da Saúde, 2001.

BURROUGHS, Arlene. **Uma introdução à enfermagem materna.** 6 ed. Porto alegre: Artes Médicas, 1995. 154p.

CARRARO, T.E; WESTPHALEN, M. E. A. **Metodologias para a assistência de enfermagem: teorização, modelos e subsídios para a prática.** Goiânia: AB, 2001.

CHAUÍ, Marilena. Participando do debate sobre mulher e violência, **Perspectivas Antropológicas da Mulher,** 4, Rio de janeiro: Zahar, 1995. 26 p.

CIANCIARULLO, T. I.; GUALDA, D. M. R.; MELLEIRO, M. M. **C & Q - Indicadores de Qualidade: uma abordagem perinatal.** São Paulo: Ícone, p. 179-185, 1998.

COLLIERE, Françoise-Marie. **Promover a vida: da prática das mulheres de virtude aos cuidados de enfermagem.** Lisboa - Porto - Coimbra: Lidel, 1999. p. 385 (Traduzido do Francês por Maria Leonor Braga Abecasis)

CORDON, R. R.; MERIGHI, M. A. B. **Parir com a ajuda de um desconhecido.** Revista Paulista de Enfermagem, v.14, n.213, p. 86-92. maio/dez. 1995.

DEL PRIORI, Mary. **Ao sul do corpo: condição feminina. Maternidade e mentalidades no Brasil colônia.** Rio de Janeiro, v.14, n. 2/3, p. 86-92, 1995.

DOS SANTOS, Rafaella Ayanne Alves; DE MELO, Mônica Cecília Pimentel; CRUZ, Daniel Dias. Trajetória de humanização do parto no Brasil a partir de uma revisão integrativa de literatura. 2015.

GROSSI, Patrícia Krieger. **Violência Contra a Mulher: implicações para os profissionais saúde.** In: *WPES* M. J. U., MEYER, D. E. I. & WALDOW, V. R. *Gênero e Saúde.* Porto Alegre: Artes Médicas, cap. 9, 1996. p.134-149.

KITZINGER, S. **A experiência de dar à luz.** São Paulo, Martins Fontes, 1987.

LARGURA, Marília. **A assistência ao parto no Brasil.** 1. ed. São Paulo, 1998.

LEÃO, M. R. de C.; BASTOS, M.A. R. **Doulas apoiando mulheres durante o trabalho de parto: experiência do Hospital Sofia Feldman.**

Rev. Latino-Americana de Enfermagem. V.9, n3, p.93, maio, 2001.

LÚDKE, M.; ANDRÉ, M. E. D. A. **Pesquisa em educação: abordagens qualitativas**. São Paulo: EPU, 1986.

MINAYO, M. C. de S. **O desafio do conhecimento: pesquisa qualitativa em saúde**. 5 ed. São Paulo-Rio de janeiro: HUCITEC-ABRASCO, 1998.

__________ **A violência social sob a perspectiva da saúde pública**. Cad. Saúde Pública. Rio de Janeiro, v.10, p. 07-18, 1994.

MOSCOVICI, Fela. **Desenvolvimento Interpessoal**. 7. ed. José Olympio, 1997.

NEME, Bussamara. **Obstetrícia básica**. 2. ed. São Paulo: Savier, 2000.

OSAVA,R. H.; TANAKA, A. C. d ' A. **Os paradigmas da enfermagem obstétrica**. Rev. Esc. Enf. USP, v. 31, n.1, p. 96-108, Abv, 1997.

REZENDE, Jorge. **Obstetrícia fundamental**. *5* ed. Rio de janeiro: Guanabara Koogan, 1987. 203p.

SAFFIOTI, I.B. **O Poder do Macho**. 3. ed. São Paulo: Moderna, 1987. 120p (Coleção Polêmica).

TRIVIÑOS, A. N. S. **Introdução à Pesquisa em Ciências Sociais: a pesquisa qualitativa em educação**. São Paulo: Atlas, 1987. 147p.

VALVERDE, R. C.; PAIVA, M. S. **Humanização no parto:** representações sociais de enfermeira (o) s. Salvador, 2002. Dissertação (Mestrado em Enfermagem) Escola de Enfermagem da UFBA, 2002.

ZAGONEL, I.P.S. **Contribuição do cuidado de enfermagem à humanização da parturição**. Cogitare Enfermagem, Curitiba, v.2, n.2, p. 34-38. jul/dez. 1997.

__________**O cuidado humano transicional na trajetória de enfermagem**. Rev. Latino Americana de Enfermagem, Ribeirão Preto, v. 7, n.3, p.25-32, julho 1999.

ZAMPIERI, M.F.M. **Mulheres cuidando de mulheres: em busca de uma enfermagem mais humanizada**. Texto Contexto Enfermagem, Florianópolis. V.6, n.1, p.276-292, Jan/abr 1997.

SOBRE AS AUTORAS

Danielle Guedes Souza- Enfermeira pela Universidade Federal de Alagoas (UFAL) em 2003.
Esp. em Saúde Pública
Enfermagem do Trabalho
Enfermagem Dermatológica
Cursando MBA em Segurança do Paciente e CCIH
Presidente da Comissão de Prevenção e Tratamento de Lesões da Maternidade Escola Santa Mônica – UNCISAL
Membro Executivo do Núcleo de Segurança do Paciente da Maternidade Escola Santa Mônica – UNCISAL

Sanny Cristina da Silva - Enfermeira pela Universidade Federal de Alagoas (UFAL) em 2003.